Carillons et girouettes

Renée Schwarz

Texte français du Groupe Syntagme inc.

Éditions SCHOLASTIC

À Sophie, Pips et Alex :
Je vous souhaite d'avoir toujours le vent dans les voiles...

Conception graphique : Kathleen Collett

Photographies : Ray Boudreau

Édition publiée par les Éditions Scholastic,
604, rue King Ouest, Toronto (Ontario) M5V 1E1, avec la permission de Kids Can Press Ltd.

5 4 3 2 1   Imprimé à Singapour   07 08 09 10

Catalogage avant publication de Bibliothèque et Archives Canada

Schwarz, Renée
Carillons et girouettes / Renée Schwarz;
texte français du Groupe Syntagme.

Traduction de : Wind chimes and whirligigs.
Pour les 7-11 ans.
ISBN 978-0-439-94258-4

1. Carillon à vent--Ouvrages pour la jeunesse.
2. Moulins à vent (Jouets)--Ouvrages pour la jeunesse.
3. Artisanat--Ouvrages pour la jeunesse. I. Groupe Syntagme inc. II. Titre.

TT157.S3614 2007   j745.592   C2006-905115-1

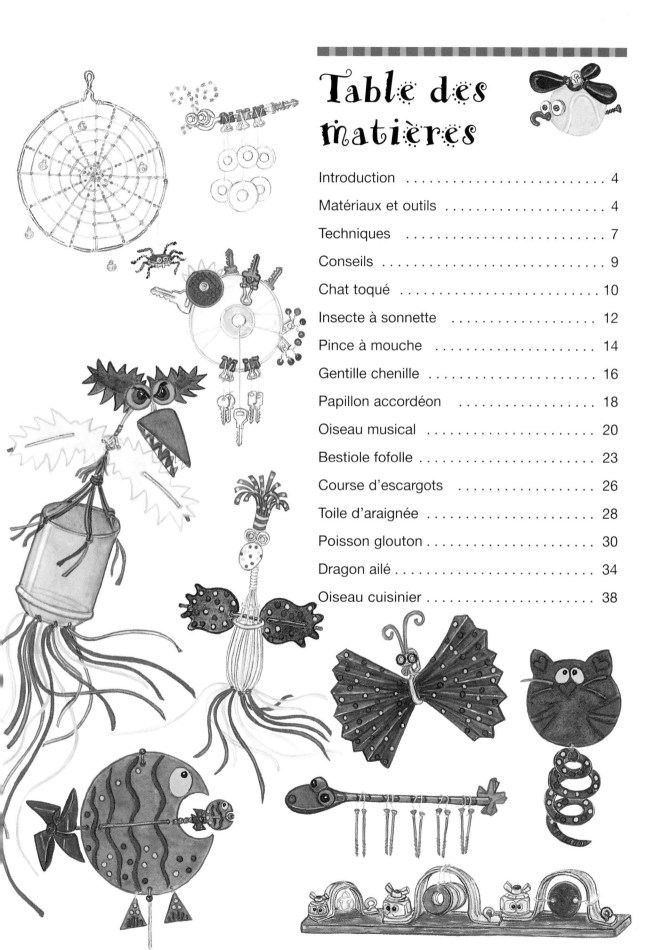

Table des matières

introduction

Rien n'est plus amusant, quand on a créé des carillons et des girouettes, que de les entendre tinter et de les voir danser dans le vent. Accroche-les dans ta cour, sur ton balcon, à une fenêtre (à l'intérieur ou à l'extérieur) ou près de la porte. Il y a plein d'endroits parfaits pour installer des objets qui tournoient et tintent dans le vent.

Toutes les girouettes proposées dans ce livre peuvent être transformées en carillons : il suffit d'y accrocher un objet qui résonne. Et tu peux toujours ajouter aux carillons quelque chose qui tourbillonne. Laisse aller ton imagination!

Matériaux et outils

Tu trouveras probablement à la maison une bonne partie des matériaux et des outils nécessaires. Il y a peut-être, dans le bac de recyclage, des bouteilles de plastique et des capsules. Demande à tes parents si tu peux prendre des boulons et des écrous dans le coffre à outils, ou utiliser de vieux ustensiles de cuisine qui ne servent plus. Tu trouveras tout le reste dans une boutique d'artisanat, une quincaillerie ou un magasin à un dollar.

▷ **Fournitures dont tu auras besoin :**

ciseaux

poinçon

crayon jaune ou de couleur pâle

protège-documents de plastique ou feuilles d'acétate de couleur

pince-notes

cure-pipes

perles

grelots

goujons

ruban de nylon

▷ Autres objets dont tu auras besoin :

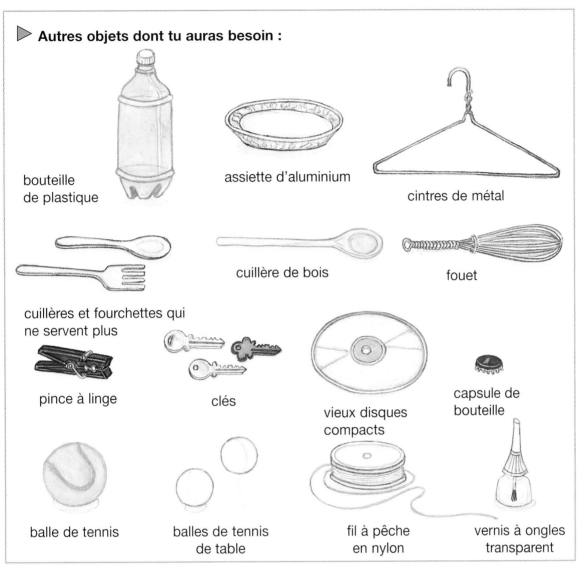

bouteille
de plastique

assiette d'aluminium

cintres de métal

cuillère de bois

fouet

cuillères et fourchettes qui
ne servent plus

pince à linge

clés

vieux disques
compacts

capsule de
bouteille

balle de tennis

balles de tennis
de table

fil à pêche
en nylon

vernis à ongles
transparent

▷ Pour l'assemblage, il te faudra ces outils :

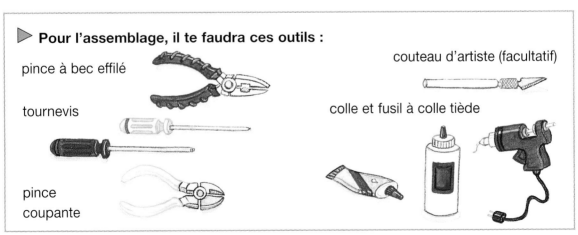

pince à bec effilé

tournevis

pince
coupante

couteau d'artiste (facultatif)

colle et fusil à colle tiède

▷ **Objets de quincaillerie dont tu auras besoin :**

rondelles galvanisées

anneaux de métal

rondelles de plomberie plates

boulons à œil

vis à œillet

crochets plastifiés rouges

vis de différentes couleurs

vis d'ancrage

clous

punaises

écrous papillons

écrous et boulons

contre-écrous

attaches en acier
pour câble

bagues
à molette

serre-câbles

coin de métal

fil électrique multibrin

réflecteurs

fil galvanisé mince

ruban adhésif automobile ou de sécurité

ruban isolant

Consignes de sécurité

★ Quand tu utilises un outil, porte des gants de travail et des lunettes de sécurité.

★ Demande à un adulte de t'aider si tu utilises un outil pour la première fois, ou si tu utilises un fusil à colle ou de la colle très forte.

Techniques

Chacun des projets proposés dans ce livre peut être réalisé en un seul après-midi. Les techniques sont faciles à apprendre, mais nous te conseillons de lire les trucs et les conseils qui suivent avant de commencer. N'oublie pas de demander l'aide d'un adulte lorsque tu essaies quelque chose de nouveau ou de difficile.

La sécurité

Pour te protéger, porte des lunettes de sécurité et des gants de travail, surtout quand tu manipules du fil.

Si tu utilises les outils à main avec précaution, ils ne sont pas dangereux. Ne force jamais sur un outil (par exemple, un tournevis) : s'il glisse, tu pourrais te blesser. Demande l'aide d'un adulte et prends ton temps.

La surface de travail

Mets une grande planche de bois ou un grand morceau de carton épais sur ta surface de travail (table ou bureau) pour la protéger.

Les accessoires de remplacement

S'il te manque des fournitures, ne te décourage pas! Utilise ton imagination et ce qui te tombe sous la main. Par exemple, tu peux remplacer les réflecteurs par de grands boutons ou de grandes rondelles galvanisées. Tu n'as pas de perles? Utilise des boutons ou des boulons. Au lieu du fil à pêche, utilise de la soie dentaire. Tu peux remplacer le fil de métal par des cure-pipes, et le ruban de nylon par du ruban d'emballage. Et, si tu as l'intention d'accrocher ton carillon à l'intérieur, tu peux le fabriquer en carton ou en bristol plutôt qu'en plastique ou en acétate.

Le plastique

Découpe de vieux protège-documents de plastique ou d'acétate de couleur, ou encore des contenants ou bien des couvercles de plastique pour réaliser tes projets. Choisis du plastique assez souple pour que tu puisses le plier sans qu'il se fende. Dans certains cas, il est plus facile de plier un morceau de plastique après y avoir gravé un trait. Utilise un clou et une règle pour tracer une ligne dans le plastique, puis fais un pli le long de la ligne.

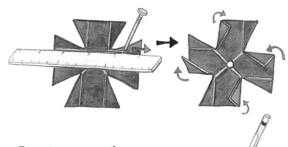

Pour tracer une forme sur un morceau de plastique ou d'acétate, utilise un crayon blanc ou de couleur pâle. Le dessin ressortira mieux qu'avec un crayon à mine.

Le fil à pêche en nylon

Pour suspendre tes créations, utilise du fil à pêche en nylon. Il se vend selon le poids qu'il peut soutenir : du fil de 10 livres peut soutenir un poisson de 10 livres. Avec du fil de 12 livres, tu peux tirer de l'eau un poisson de 12 livres, et ainsi de suite. Pour les projets que nous te proposons, il te faudra du fil de 10 ou 12 livres.

Le fil de nylon est glissant, et les nœuds peuvent se défaire. Pour avoir un nœud bien solide, fais-en trois ou quatre et mets-y un peu de vernis à ongles ou de colle résistant à l'eau.

Pour faire la boucle qui servira à accrocher ton objet, plie une extrémité du fil sur environ 5 cm et fais-y un nœud, comme sur le dessin ci-dessous.

Les rubans

Le ruban de sécurité est collé sur une pellicule que tu peux enlever. Le ruban isolant s'achète en rouleau, sans pellicule à décoller. Si ton ruban est trop large, coupe-le en deux dans le sens de la longueur : tu auras alors deux bandes étroites. Pour faire de petites pastilles de ruban isolant, colle-le d'abord sur du papier ciré ou du papier parchemin. Fais ensuite des trous avec le poinçon, puis détache les pastilles adhésives.

La colle

Pour les objets que tu accrocheras à l'extérieur, utilise de la colle résistant à l'eau, non toxique, ou de la colle d'extérieur. Si tu utilises un fusil à colle tiède, demande à un adulte de te superviser ou de t'aider. Pour coller du métal, utilise un fusil à colle ou demande à un adulte de le faire pour toi avec de la colle forte conçue pour le métal.

Les tournevis

Il existe différentes tailles et différents types de tournevis. Choisis celui qui s'insère solidement dans la tête de ta vis ou de ton boulon.

Pour serrer une vis, un écrou papillon, un crochet, un écrou ou un boulon, tourne dans le sens des aiguilles d'une montre (vers la droite). Pour desserrer, tourne dans le sens contraire (vers la gauche).

Conseils

• Si tu tiens deux morceaux de métal dans tes mains et que tu les entrechoques, tu ne les entendras pas résonner. Pour vibrer, le métal ne doit pas être en contact avec quoi que ce soit. Suspends un morceau de métal au bout d'une corde et frappe-le avec un autre objet de métal. Des rondelles galvanisées de différentes dimensions produisent des sons différents. Par exemple, les gros anneaux produisent un son plus fort et plus musical que les petits anneaux.

• Utilise des marqueurs pour dessiner sur le métal. Si tu utilises de la peinture, il ne pourra plus résonner!

* Accroche tes carillons et tes girouettes là où tu pourras les voir et où ils auront suffisamment d'espace pour bouger. À l'extérieur, installe-les sur une clôture ou accroche-les à une branche. Tu peux aussi les accrocher à l'intérieur ou à l'extérieur d'une fenêtre, ou près d'une porte. À l'intérieur, accroche-les au-dessus d'un radiateur (sans qu'ils le touchent) ou d'une bouche d'aération : l'air chaud les fera bouger!

• Attache ton carillon ou ta girouette bien solidement. Sinon, le premier coup de vent l'emportera.

• Si tu trouves que l'endroit que tu as choisi est trop ou pas assez venteux, essaie un autre endroit.

• Si tu veux que ton carillon annonce l'arrivée des visiteurs, accroche-le au-dessus de la porte et attaches-y une longue corde au bout de laquelle tu auras noué une perle. Quand la porte s'ouvrira, la perle bougera et fera résonner le carillon.

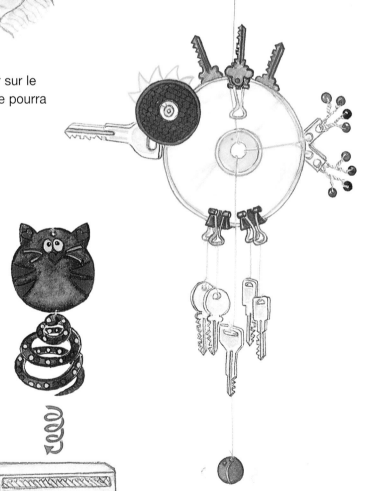

Chat toqué

Regarde-le tourner jusqu'à ce qu'il soit étourdi… et toi aussi.

il te faut :

- un morceau de plastique violet de 10 cm x 25 cm
- un petit couvercle ou un pot d'environ 9 cm de diamètre (pour tracer un cercle)
- du ruban de sécurité rouge et jaune
- un marqueur à encre noire indélébile
- des retailles de plastique vert
- du fil à pêche en nylon et du vernis à ongles
- un crayon blanc ou de couleur pâle
- des ciseaux, un poinçon et une règle

1 Place le couvercle sur le morceau de plastique violet et trace une ligne autour du couvercle. Trace un deuxième cercle.

2 Pour faire la tête, dessine deux oreilles pointues sur l'un des cercles en laissant un écart d'environ 4 cm.

3 Pour faire la queue, trace une spirale dans l'autre cercle. Commence à l'extérieur et laisse environ 1 cm d'écart entre les lignes (voir ci-dessous).

4 Découpe les deux cercles en t'appliquant bien, surtout pour les oreilles. Découpe ensuite le long de la spirale que tu viens de tracer, en commençant par l'extérieur.

5 Pour décorer ton chaton, découpe des triangles et des cœurs dans du ruban adhésif rouge. Découpe ensuite deux yeux ovales dans le ruban jaune, puis dessine les pupilles avec le marqueur. À l'aide du poinçon, fais des pastilles rouges et jaunes. Colle les décorations de chaque côté de la tête et de la queue.

6 Avec la pointe des ciseaux, fais un petit trou au centre de la spirale et dans le haut et le bas de la tête, près du bord. Fais aussi deux trous de chaque côté du nez.

7 Pour faire les moustaches, découpe deux bandes de plastique vert très étroites d'environ 8 cm de longueur. Insère les moustaches de l'arrière de la tête, dans les trous de chaque côté du nez, en croisant.

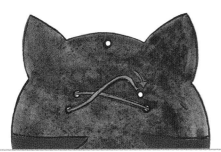

8 Fais un double nœud à une extrémité d'un morceau de fil à pêche de 10 cm, insère l'autre bout dans le trou de la queue, puis attache le fil à la tête de façon que la queue soit suspendue juste au-dessous.

9 Attache un long morceau de fil à pêche dans le trou du haut de la tête (voir ci-dessous). Fais une boucle à l'autre extrémité pour pouvoir l'accrocher. Mets du vernis à ongles sur tous les nœuds et coupe les bouts de fil qui dépassent.

𝒜utre suggestion

• Tu peux aussi faire un singe maboule.

insecte à sonnette

Accroche ton insecte à sonnette près de la porte : il tintera pour saluer les visiteurs.

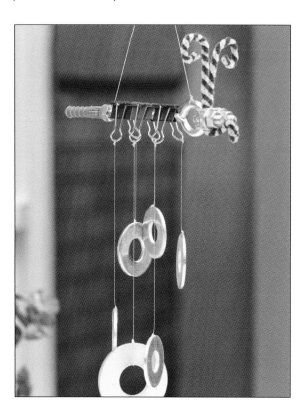

il te faut :

- un serre-câble de 3/16 po
- un boulon à œil de 4 po
- deux rondelles galvanisées de 3/16 po
- un cure-pipe jaune et un cure-pipe vert
- trois pince-notes de 3/4 po de couleur
- six grosses rondelles galvanisées de deux ou trois tailles différentes
- une vis d'ancrage verte
- du fil à pêche et du vernis à ongles
- des ciseaux et une règle
- une pince à bec effilé

1 Sépare les boulons du serre-câble. Passe la partie en U dans l'anneau du boulon à œil.

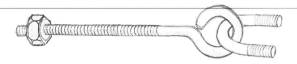

2 Rassemble le serre-câble, puis visse les rondelles de 3/16 po et les boulons, sans trop serrer.

3 Fais une torsade avec les deux cure-pipes.

4 Pour faire le nez et les antennes, plie la torsade de cure-pipes en deux et glisse-la dans l'espace au centre du serre-câble (voir ci-dessous). Avec la pince, serre les boulons pour que le serre-câble (la tête de l'insecte) reste bien en place.

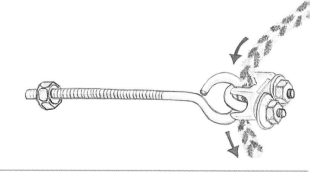

5 Fais des boucles avec les antennes et replie le nez vers le bas.

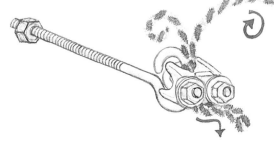

6 Pour faire le corps, attache les pince-notes au boulon à œil. Accroche la vis d'ancrage à l'extrémité arrière en la vissant.

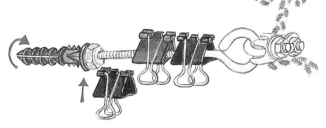

7 Attache chaque rondelle à un bout de fil à pêche de 20 cm et attache l'autre extrémité à une pince. Ajuste les rondelles de façon que trois d'entre elles pendent en-dessous des trois autres.

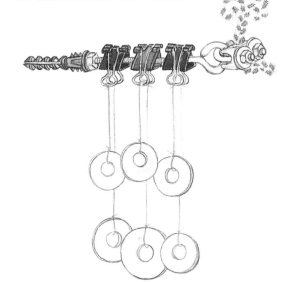

8 Pour accrocher ton insecte, attache les deux extrémités d'un bout de fil à pêche de 45 cm au boulon à œil (voir ci-dessous). Fais une boucle au milieu, pour que ton insecte soit en équilibre. Ajoute du vernis à ongles sur les nœuds et coupe les bouts de fil qui dépassent.

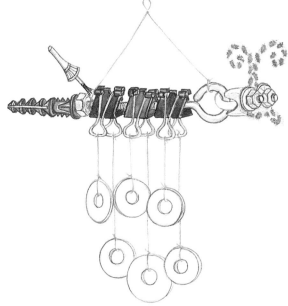

Autre suggestion

• Pour faire un insecte un peu moins bruyant, attaches-y seulement trois rondelles.

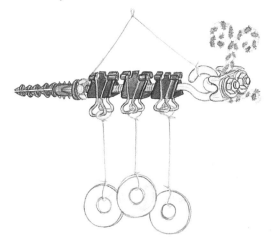

Pince à mouche

Pendant les jours ensoleillés, cette mouche illuminera ta chambre de couleurs.

il te faut :

- trois feuilles d'acétate ou de plastique de couleurs différentes
- du ruban isolant de couleur
- une grande pince à linge de plastique ou de bois
- deux cure-pipes noirs
- deux perles de bois d'environ 1 cm de diamètre
- un marqueur à encre noire indélébile
- du fil à pêche et du vernis à ongles
- des ciseaux et une règle

1 Pour faire les ailes, découpe trois bandes de 3 cm x 15 cm, de couleurs différentes, dans les feuilles d'acétate. Arrondis les coins avec les ciseaux.

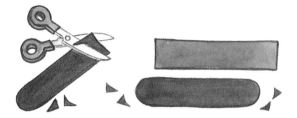

2 Pince les ailes au centre pour les plier, comme sur l'illustration.

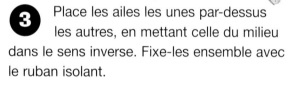

3 Place les ailes les unes par-dessus les autres, en mettant celle du milieu dans le sens inverse. Fixe-les ensemble avec le ruban isolant.

4 Ouvre la pince et glisse les ailes dans l'ouverture, le plus profondément possible.

5 Pour faire le dard, plie un cure-pipe en deux. Passe-le dans le trou de la pince, en faisant un 8 (voir ci-dessous). Fais ensuite une torsade pour que la pince s'ouvre plus grand.

6 Continue de torsader le cure-pipe jusqu'au bout. Recourbe le dard vers le bas.

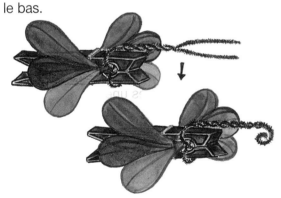

7 Fais passer l'autre cure-pipe dans le ressort de la pince à linge, jusqu'au milieu. Tords-le un peu pour qu'il tienne en place.

8 Pour faire les yeux et les antennes, fais glisser une perle sur chaque bout de cure-pipe, jusqu'en bas. Fais quelques torsades avec les deux bouts du cure-pipe pour maintenir les perles en place. Recourbe les extrémités du cure-pipe. Avec le marqueur, dessine une pupille sur chaque perle.

9 Attache un bout de fil à pêche à la pince à linge, de manière que ta mouche demeure droite quand tu la suspends. Fais une boucle à l'autre extrémité du fil. Enduis tous les nœuds de vernis à ongles et coupe les bouts de fil qui dépassent.

𝒜utres suggestions

Pour créer des mouches différentes :

• fais seulement une ou deux paires d'ailes.

• ajoute des pois, des rubans, des grelots ou des perles.

Gentille chenille

Une chenille à 10 pattes qui babille gentiment dans le vent.

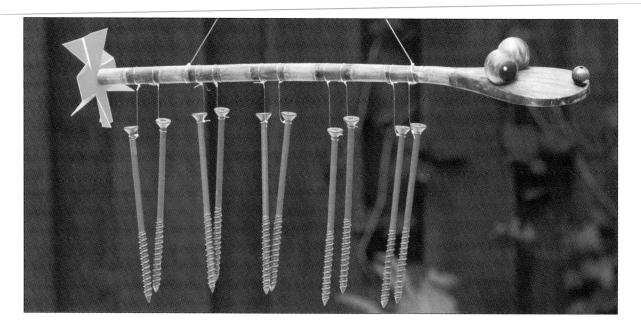

il te faut :

- une vieille cuillère de bois
- des marqueurs vert, bleu et noir à encre indélébile
- deux grandes perles de bois naturel et une petite perle rouge
- un carré de plastique vert dont les côtés mesurent 5 cm

- une vis à œillet
- dix longues vis bleues
- de la colle à bois pour l'extérieur ou un fusil à colle
- du fil à pêche et du vernis à ongles
- un crayon blanc ou de couleur pâle, des ciseaux, une règle et une punaise

1 Pour faire le corps de la chenille, dessine des bandes bleues et vertes sur le manche de la cuillère à l'aide des marqueurs. Pour les yeux, colore les perles en vert et fais un point noir pour les pupilles.

2 Colle les yeux et le nez (la petite perle rouge) sur la cuillère. Laisse la colle sécher.

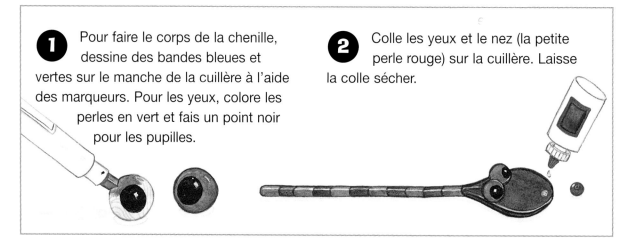

3 Pour faire l'hélice, trace deux lignes en diagonale sur le carré de plastique. Avec la punaise, fais un petit trou au centre, là où les deux lignes se croisent.

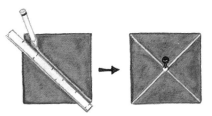

4 À chaque coin, trace une ligne d'environ 2 cm de chaque côté des lignes diagonales. Découpe le long des petites lignes.

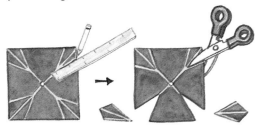

5 Pour chacune des quatre sections, plie un coin vers le haut et l'autre vers le bas, comme sur l'illustration.

6 Fais passer la vis à œillet dans le trou au centre de l'hélice et visse-la au bout du manche de la cuillère. Souffle sur l'hélice pour vérifier si elle tourne facilement. Si elle ne tourne pas bien, dévisse un peu le crochet.

7 Attache un bout de fil à pêche de 15 cm à la tête de chaque vis. Fixe les vis le long du corps de la chenille, par paires, comme sur l'illustration.

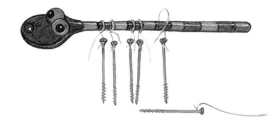

8 Pour suspendre la chenille, attache une extrémité d'un bout de fil à pêche de 50 cm près de la tête de la chenille, et l'autre, à environ 5 cm de l'hélice. Suspends la chenille sur un crayon, place-la droite et fais une boucle à l'endroit où le fil touche le crayon. Mets du vernis à ongles sur tous les nœuds et coupe les bouts de fil qui dépassent.

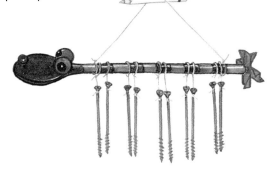

𝓐utres suggestions

• Remplace les vis par de vieilles clés ou d'autres pièces de quincaillerie qui produisent un joli son.
• Remplace la cuillère de bois par une spatule, une fourchette à spaghettis ou tout autre ustensile.

Papillon accordéon

Admire ton papillon qui volette et voltige dans le vent!

Il te faut :

- un serre-câble de 3/16 po
- une bague à molette 3/8 po
- deux rondelles de plomberie, plates, de 1/4 po
- 30 cm de fil électrique multibrin vert
- un carré de plastique bleu dont les côtés mesurent 21 cm
- du ruban de sécurité rouge et jaune
- du fil à pêche et du vernis à ongles
- un poinçon, une règle et un clou (pour faire des marques)
- une pince à bec effilé et un couteau d'artiste (facultatif)

1 Dévisse les boulons du serre-câble pour le démonter. Passe la partie en U dans l'une des ouvertures de la bague à molette.

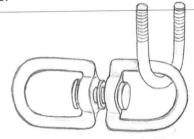

2 Rassemble les deux parties principales du serre-câble. Glisse les rondelles noires sur les deux bouts du U et revisse les boulons sans serrer (si les trous des rondelles sont trop petits, demande à un adulte de les agrandir en utilisant un couteau d'artiste).

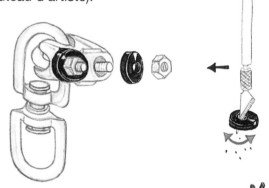

3 Pour l'antenne, plie le fil vert en deux et passe-le au milieu du serre-câble, contre la bague à molette.

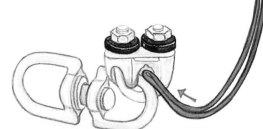

4 Resserre les boulons avec la pince pour que le serre-câble (la tête) reste fixe. Recourbe les antennes.

7 Fais des pastilles de ruban rouges et jaunes avec le poinçon. Colle-les sur chacune des ailes. Colle un point jaune sur chaque extrémité de la vis en U pour faire les yeux.

5 Plie le carré de plastique en accordéon. Fais d'abord un pli à 1,5 cm du bord, puis retourne la feuille et fais un autre pli de la même largeur. Continue de plier et de retourner la feuille jusqu'à ce qu'elle soit complètement pliée. Tu devras peut-être faire d'abord des traits avec le clou des deux côtés de la feuille.

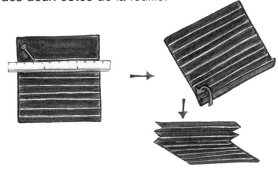

8 Attache un long fil à pêche à la tête du papillon de façon qu'il soit droit. Fais une boucle à l'autre extrémité. Mets du vernis à ongles sur tous les nœuds et coupe les bouts de fil qui dépassent.

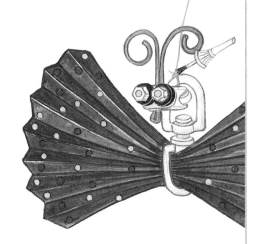

6 Tiens la feuille bien pliée et passe-la dans l'ouverture du bas de la bague à molette. Déplie l'accordéon de chaque côté.

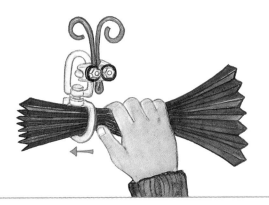

𝒜utre suggestion

• Attache de petits grelots à ton papillon : il tintera tout en virevoltant.

Oiseau musical

Électrisé par le vent, l'oiseau chante de bonheur.

Conseils

• Si tu n'as pas de réflecteurs avec un trou au milieu, il te suffira de coller les rondelles galvanisées à l'étape 3.
• Demande à un adulte de t'aider pour utiliser la colle.

1 Pour faire le corps de l'oiseau, fixe les deux CD l'un contre l'autre, côté brillant vers l'extérieur, en posant deux pince-notes d'un côté et un de l'autre côté (voir ci-dessous).

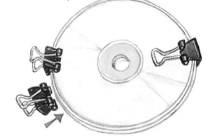

2 Pour faire les cils, place la moitié d'un réflecteur sur la feuille de plastique. Trace un demi-cercle, puis dessine des pointes le long de la courbe, comme sur l'exemple. Découpe la forme.

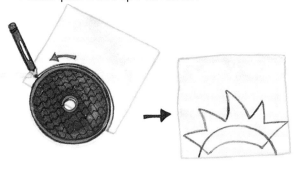

3 Pour faire les yeux, glisse une rondelle sur la vis, et passe la vis dans le trou des réflecteurs. Glisse ensuite l'autre rondelle sur la vis, puis visses-y le boulon sans trop serrer.

4 Glisse les CD entre les yeux. Trace un demi-cercle sur les CD, des deux côtés. Retire les yeux.

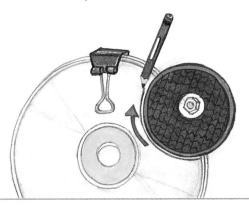

5 Étends de la colle sur les CD en restant bien à l'intérieur de la ligne. Remets les yeux en place et serre le boulon. Essuie la colle qui déborde et laisse sécher.

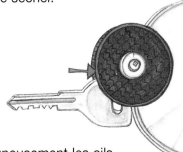

6 Pour faire le bec, colle une grosse clé entre les réflecteurs. Laisse sécher.

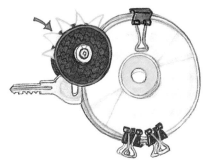

7 Colle soigneusement les cils entre les yeux.

8 Pour faire la crête, colorie trois clés à l'aide des marqueurs. Colle une clé sur la pince du haut, et deux autres sur le corps de l'oiseau, de chaque côté de la pince. Laisse sécher.

9 Pour faire la queue, plie les fils en deux. Passe un fil dans le trou à l'extrémité du coin de métal. Fais une torsade pour le tenir en place. Répète l'opération pour les trois autres fils, en suivant l'exemple.

10 Glisse une perle sur chaque bout de fil, puis replie le fil et fais des torsades pour tenir les perles bien en place.

11 Colle soigneusement la queue entre les CD. Laisse sécher. Pour que la queue tienne mieux, attache-la au CD avec du fil à pêche (voir ci-dessous).

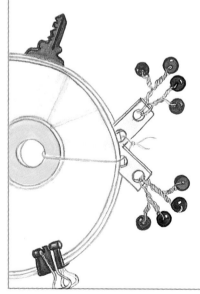

12 Avec des bouts de fil à pêche de 15 cm, attache quatre clés aux pinces du bas. Attache ensuite un bout de fil à pêche de 30 cm à la dernière clé et fixe-la au CD de façon à ce qu'elle pende entre les autres clés.

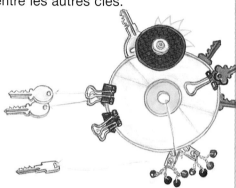

13 Pour suspendre ton oiseau, attache un bout de fil à pêche au centre du CD et fais une boucle à l'autre extrémité. Mets du vernis à ongles sur tous les nœuds et coupe les bouts de fil qui dépassent.

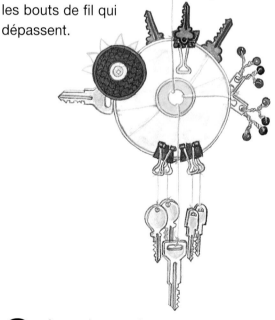

14 Accroche ton oiseau musical à l'intérieur, près d'une fenêtre, ou à l'extérieur, à l'abri des intempéries.

Bestiole fofolle

Les jours de grand vent, ta bestiole fofolle fera des cabrioles.

il te faut :

- une balle de tennis
- un crochet plastifié rouge
- trois vis noires de 1 1/2 po
- deux rondelles galvanisées de 5/16 po
- un carré de plastique bleu dont les côtés mesurent 3 cm
- trois bandes de plastique bleu de 3 x 8 cm
- une vis à œillet de 1 1/8 po
- trois rondelles galvanisées de 3/16 po
- du ruban de sécurité ou du ruban isolant
- du fil à pêche et du vernis à ongles
- des ciseaux, une règle, un poinçon et une agrafeuse (facultatif)
- un tournevis, des gants de travail et un couteau d'artiste (facultatif)

Conseils

• Si tu as de la difficulté à visser les objets dans la balle, demande à un adulte de faire un petit trou d'amorce avec la pointe d'un couteau d'artiste.

• Avant de visser des objets dans la balle, demande à un ami de la tenir en portant des gants de travail.

1 Pour faire le nez, visse le crochet rouge d'un côté de la balle.

2 Pour faire les yeux, glisse une rondelle galvanisée de 5/16 po sur une vis noire. Visse un œil de chaque côté du nez.

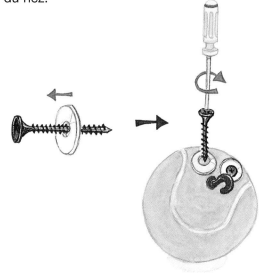

3 Pour faire le dard, insère une vis noire du côté opposé au nez en la vissant à moitié seulement dans la balle.

4 Dans la feuille de plastique, découpe une rondelle d'environ 3 cm de diamètre.

5 Fais un trou au centre de la rondelle.

6 Pour faire les pales de l'hélice, arrondis les coins d'une extrémité de chaque bande de plastique avec des ciseaux.

7 Pince l'extrémité carrée de chaque bande pour faire un pli, comme sur l'illustration.

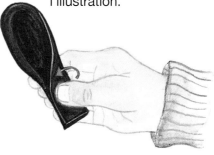

8 Avec des ciseaux, fais une incision de 1 cm le long du pli de chaque pale.

9 Replie les pales le long de la fente. Pour les maintenir, enroule d'une étroite bande de ruban adhésif la partie fendue.

10 Pour assembler l'hélice, place la rondelle de plastique au bout d'une pale. Fixe-la à l'aide d'une étroite bande de ruban adhésif ou d'une agrafeuse.

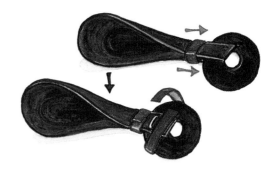

11 Fixe les deux autres pales sur la rondelle. Assure-toi de placer leur ouverture dans la même direction.

12 Glisse une rondelle galvanisée de 3/16 po sur la vis à œillet. Puis glisses-y l'hélice, et les deux autres rondelles.

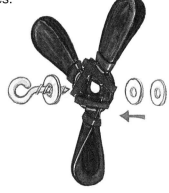

13 Visse l'hélice sur le dessus de la balle (voir ci-dessous). Souffle sur l'hélice pour voir si elle tourne facilement. Sinon, desserre un peu la vis.

14 Pour accrocher ton insecte, attache un bout de fil à pêche à la vis à œillet. Fais une boucle à l'autre extrémité. Mets du vernis à ongles sur tous les nœuds et coupe les fils qui dépassent.

Autre suggestion

• Tu peux aussi faire une coccinelle coquette avec une balle de tennis rose pour le corps et des punaises noires pour les taches.

Course d'escargots

Lequel le vent va-t-il favoriser?

il te faut :

- des pastels à l'huile verts et des mouchoirs de papier
- une planche de bois d'environ 40 cm de longueur
- trois attaches en acier pour câble : deux de 2 po et une de 1 po
- trois écrous : deux de 5/8 po et un de 1/2 po
- trois rondelles galvanisées de 5/16 po
- trois écrous papillons de 5/16 po
- trois vis noires de 1 1/2 po
- trois vis à œillet de 1 1/8 po

- du ruban de sécurité jaune
- un tournevis
- trois rondelles galvanisées de 9/16 po
- un gros grelot de métal doré
- une assiette d'aluminium
- des marqueurs noir, rouge et bleu à encre indélébile
- du fil à pêche et du vernis à ongles
- des ciseaux et un poinçon

Pour faire les escargots

1 Colorie la planche de bois avec les pastels verts, puis frotte-la avec un mouchoir de papier.

2 Pour les yeux, fais six pastilles de ruban jaune à l'aide du poinçon et colles-en deux sur chaque écrou. Trace des pupilles noires.

3 Place les attaches en acier (le corps des escargots) sur la planche, à angles différents. Pour la tête, place un écrou, une rondelle de 5/16 po et un écrou papillon à un bout de chaque attache.

2 Suspends une rondelle au milieu du dos d'un gros escargot. Suspends les deux autres rondelles de chaque côté.

3 Suspends le grelot à l'intérieur du petit escargot.

4 Fixe les têtes dans la planche à l'aide des vis noires. Utilise les vis à œillet pour faire les queues.

4 Découpe une rondelle de 4,5 cm de diamètre dans l'assiette d'aluminium. Fais un trou de chaque côté, près du bord. Colorie une des surfaces avec le marqueur bleu. Passe un bout de fil à pêche dans les trous et fixe la rondelle par les côtés, sur le troisième escargot.

Pour les parties mobiles

1 Colorie l'une des surfaces des rondelles de 9/16 po avec le marqueur à encre rouge. Attache un bout de fil à pêche à chaque rondelle.

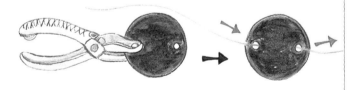

5 Mets du vernis à ongles sur tous les nœuds et coupe les bouts de fil qui dépassent. Mets-en aussi sur le fil à pêche qui touche l'escargot.

Toile d'araignée

Capture des rayons de soleil plutôt que des mouches!

il te faut :

- un cintre de métal
- des bouts de fil galvanisé de calibre 20 : cinq de 35 cm et cinq de 50 cm
- de petites perles scintillantes (facultatif)
- du fil à pêche et du vernis à ongles
- une capsule de bouteille
- deux cure-pipes noirs
- deux petites perles de bois
- de petits grelots dorés
- une règle, des ciseaux et des marqueurs à encre noire indélébile
- une pince à bec effilé et un fusil à colle
- des lunettes de sécurité et des gants de travail

1 Pour l'armature, fais un cercle avec le cintre. Utilise la pince pour lui donner sa forme.

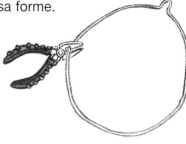

2 En te servant de la pince, plie le crochet pour en faire une boucle (voir l'illustration). Enroule un bout de fil de fer de 35 cm autour de la boucle pour la maintenir en place.

3 Pour faire le premier rayon, enroule une extrémité d'un fil de fer de 35 cm d'un côté du cintre, puis enroule l'autre extrémité du côté opposé.

4 Répète l'étape 3 pour attacher les trois autres bouts de fil autour du cercle. Les fils doivent se croiser au centre.

5 Pour compléter la toile, fixe une extrémité d'un fil de fer de 50 cm au centre. Fais ensuite une spirale en enroulant le fil une fois autour de chaque rayon. Quand tu arriveras au bout de ton fil, accroche le bout d'un autre fil là où le premier a pris fin et continue à tisser ta toile jusqu'à ce que tu arrives à l'armature.

6 Tu peux aussi décorer ta toile de perles étincelantes. Attache un bout de fil à pêche de 45 cm à l'armature, entre deux rayons. Enfile quelques perles, puis fais une boucle autour du fil galvanisé suivant. Continue ainsi jusqu'à l'autre côté. Attache l'autre bout du fil à l'armature.

7 Pour faire les pattes de l'araignée, coupe les cure-pipes en deux et replie l'extrémité de chaque patte vers le bas.

8 Colle soigneusement les pattes à l'intérieur de la capsule et laisse sécher. Colle les perles de bois sur le dessus de la capsule pour faire les yeux, puis laisse sécher.

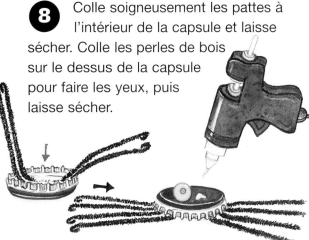

9 Plie chaque patte vers le haut, au bord de la capsule, puis vers le bas, au milieu, comme sur l'illustration.

10 Attache l'araignée à la toile avec un bout de fil à pêche. Suspends-y aussi quelques grelots. Mets du vernis à ongles sur tous les nœuds et coupe les bouts de fil qui dépassent.

Poisson glouton

Quand le vent souffle, c'est la folie chez les poissons!

il te faut :

- un carré de plastique bleu pâle dont les côtés mesurent 20 cm, un vert dont les côtés mesurent 5 cm, un bleu foncé dont les côtés mesurent 4 cm, et un autre bleu foncé dont les côtés mesurent 12,5 cm
- une assiette d'environ 20 cm de diamètre
- deux tiges de métal (bout d'un cintre ou fil de fer rigide), l'une de 30 cm et l'autre de 50 cm
- dix petites perles de bois dans lesquelles on peut tout juste passer les tiges de métal
- du ruban de sécurité rouge et jaune
- un marqueur à encre noire indélébile
- du fil à pêche et du vernis à ongles
- un crayon blanc ou de couleur pâle, des ciseaux, un poinçon, une règle, une punaise et une pièce de 25 cents
- une pince coupante, de la colle pour travaux d'extérieur ou un fusil à colle

1 Pour faire le gros poisson, place l'assiette contre le carré de plastique bleu pâle et trace un cercle tout autour. Découpe le rond.

2 Dessine une bouche ronde d'environ 6 cm de diamètre. Découpe-la.

3 Avec le poinçon, fais deux trous derrière la bouche, à environ 1 cm l'un de l'autre. Fais deux autres trous à l'opposé.

4 Fais un trou tout en haut du cercle et un autre tout en bas.

5 Pour faire les nageoires, découpe deux triangles d'environ 5 cm de côté dans les retailles que tu as obtenues à l'étape 1.

8 Pour faire le petit poisson, découpe un cercle de 5 cm de diamètre dans le carré de plastique vert. Dessine une petite bouche ronde et découpe-la. Fais un trou derrière la bouche, et un autre, à l'opposé.

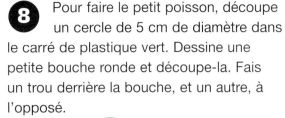

6 À l'aide d'une punaise, fais de petits trous à environ 2,5 cm de chaque côté du trou du bas. Fais aussi un trou dans un coin de chaque nageoire.

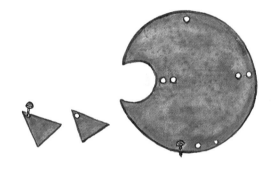

9 Pour faire la queue en hélice du petit poisson, utilise le petit carré de plastique bleu foncé et suis les étapes 3 à 5 du projet « Gentille chenille » (page 17).

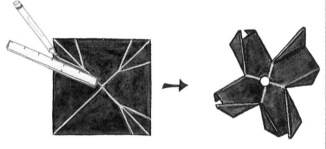

7 Avec du fil à pêche, suspends les nageoires au bas du poisson.

10 Décore les deux côtés des poissons avec des pastilles et des zigzags. Fais de grands yeux en taillant dans le ruban de sécurité. Dessine les pupilles avec le marqueur à encre noire.

11 Pour faire la queue en virevent du gros poisson, prends le grand carré de plastique bleu foncé et trace des diagonales, de façon à faire un X.

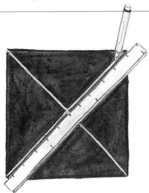

12 Découpe le long des lignes jusqu'à environ 2,5 cm du centre.

13 Perce le centre et l'un des coins de chaque triangle (voir ci-dessous).

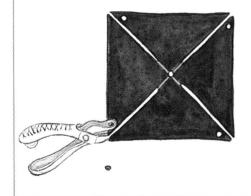

14 Trace quatre cercles sur le ruban rouge à l'aide de la pièce de 25 cents. Découpe les cercles et perces-en le centre au moyen du poinçon.

15 Replie délicatement vers le centre le coin troué de chaque triangle pour qu'il demeure arqué.

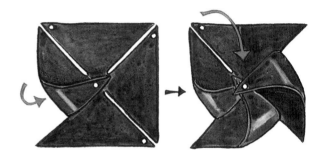

16 Colle deux des pointes entre deux rondelles rouges, en alignant soigneusement les trous. Fixe une troisième pointe avec une autre rondelle. Fais la même chose pour la dernière pointe.

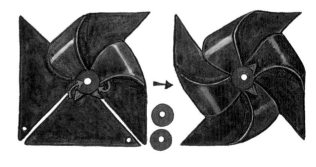

17 Colle une perle à l'une des extrémités de chaque tige de métal. Laisse sécher.

20 Enfin, insère la tige dans les trous du petit poisson et colle une perle tout au bout. Laisse sécher.

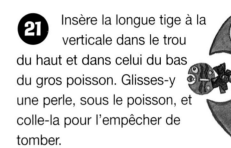

18 Pour assembler le poisson, glisse d'abord le virevent sur la plus courte tige, jusqu'à la perle. Glisse une autre perle pour tenir le virevent en place. Souffle sur le virevent pour vérifier s'il tourne facilement. Fixe la perle avec de la colle et laisse sécher.

21 Insère la longue tige à la verticale dans le trou du haut et dans celui du bas du gros poisson. Glisses-y une perle, sous le poisson, et colle-la pour l'empêcher de tomber.

19 Passe ensuite la tige de métal dans les paires de trous du gros poisson. Glisse quatre perles rouges au bout de la tige qui sort par la bouche et colle-les. Glisses-y ensuite la queue en hélice du petit poisson, puis une autre perle. Vérifie si l'hélice tourne facilement, puis colle la perle.

22 Plante la longue tige dans le sol ou dans un gros pot de fleurs. Tu peux aussi la fixer à une clôture à l'aide d'agrafes pour clôtures.

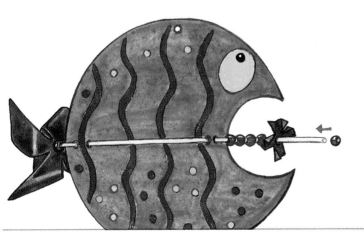

Dragon ailé

Ton dragon ne craindra aucune tempête.

Il te faut :

- un cintre de métal
- un petit anneau de métal
- une vieille fourchette de métal
- du ruban de sécurité ou du ruban isolant rouge et blanc
- deux balles de tennis de table
- des marqueurs rouge, vert et noir à encre indélébile
- un bout de fil galvanisé mince de 45 cm
- une bouteille en plastique vert, vide et propre
- du ruban de nylon (jaune, rouge et bleu)
- un morceau de plastique rouge de 9 x 25 cm
- un morceau de plastique bleu et deux morceaux de plastique jaune de 15 x 28 cm
- du fil à pêche solide et du vernis à ongles
- un crayon blanc ou de couleur pâle, une règle, des ciseaux, un poinçon et une punaise
- des gants de travail et des lunettes de sécurité
- une pince coupante et une pince à bec effilé

1 Tourne le crochet du cintre vers toi et insères-y l'anneau de métal. Demande ensuite à un adulte de couper la partie inférieure du cintre, dans les coins.

2 Avec une pince, replie le manche de la fourchette pour qu'il ait à peu près la même courbure que le crochet du cintre. Fixe la fourchette sur le dessus du crochet à l'aide du ruban adhésif (voir l'illustration). Colorie le manche de la fourchette en rouge.

3 Enroule du ruban adhésif à la base du crochet du cintre.

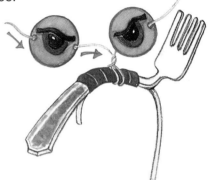

4 Avec les marqueurs, dessine un œil sur chaque balle de tennis de table. À l'aide de la punaise, fais un trou de chaque côté des balles, comme sur l'illustration.

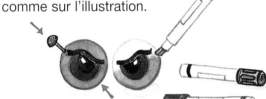

5 Pour fixer les yeux, enroule le fil de fer, en son milieu, autour du ruban adhésif qui maintient la fourchette et le crochet, puis tords le fil sur le dessus.

6 Glisse une balle sur chaque fil. Puis joins les fils en les tordant afin de maintenir les yeux l'un contre l'autre. Recourbe les fils vers le bas et enroule-les autour de la fourchette pour maintenir les yeux en place.

7 Pour faire le corps, avec l'aide d'un adulte, découpe le goulot et le fond de la bouteille de plastique avec une paire de ciseaux.

8 Du côté de la plus grande ouverture, fais quatre trous à égale distance les uns des autres. Du côté du goulot, fais-en huit.

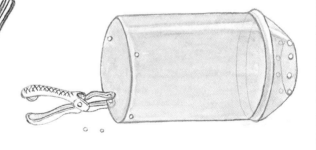

9 Pour faire la queue, coupe des bouts de ruban jaunes, rouges et bleus de différentes longueurs. Coupe-les en deux dans le sens de la longueur pour qu'ils soient plus étroits. Passe-les, deux par deux, dans les trous autour de la petite ouverture de la bouteille (voir ci-dessous).

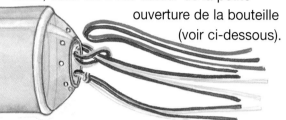

10 Coupe deux bandes de ruban bleu et deux bandes de ruban rouge de 45 cm. Coupe-les en deux dans le sens de la longueur. Insère-les, deux par deux, dans les trous autour de la grande ouverture (voir ci-dessous).

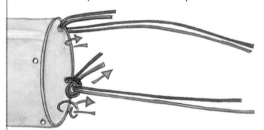

11 Noue ensemble les rubans mentionnés à l'étape 10, puis attache-les à l'anneau de métal. Pour que ton dragon tienne plus solidement, relie chaque trou à l'anneau de métal avec du fil à pêche.

12 Pour faire la gueule, plie en deux le morceau de plastique rouge. Déplie-le, puis trace un triangle de chaque côté, comme sur l'illustration.

13 Dessine quelques petits triangles le long de chaque ligne : ce sont les dents.

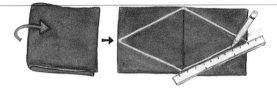

14 Découpe la gueule. Fais une petite incision au milieu du pli, de la largeur du manche de la fourchette.

15 Pour faire la crête et les ailes, utilise les morceaux de plastique bleus et jaunes. Utilise la gueule comme patron, mais fais de plus gros triangles quand tu traces autour (voir ci-dessous). Découpe les formes.

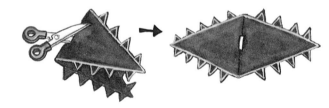

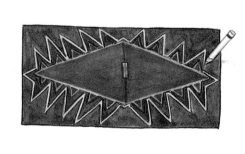

16 Colle du ruban adhésif blanc sur les dents et coupe les bouts qui dépassent. Replie les dents vers l'intérieur.

17 Plie la gueule en deux et glisse-la sur la fourchette. Enroule du ruban adhésif autour du manche de la fourchette pour maintenir la gueule en place.

18 Pince le milieu de la crête bleue pour la plier en deux dans le sens de la longueur, puis glisse-la sous les dents intérieures de la fourchette.

19 Fais un trou aux deux extrémités de chaque aile jaune. Fais ensuite une petite incision au centre.

20 Plie les deux bras du cintre vers l'arrière et glisses-y les ailes. Enroule du ruban adhésif aux extrémités et au milieu du cintre pour maintenir les ailes en place.

21 Pour suspendre ton dragon, attache un bout d'un long fil à pêche à la fourchette, de façon que ton dragon soit bien droit. Fais une boucle à l'autre bout. Mets du vernis à ongles sur tous les nœuds et coupe les bouts de fil qui dépassent.

𝒜utre suggestion

• Fabrique un paon avec une crête en accordéon, un bec sans dents et des ailes plus arrondies.

37

Oiseau cuisinier

Un oiseau fouetté par le vent...

- un vieux fouet de cuisine
- un anneau de métal de 1 po
- un goujon de 1/4 po de diamètre et de 23 cm de longueur
- une vieille cuillère à soupe de métal
- un serre-câble de 1/4 po
- deux rondelles galvanisées de 5/16 po
- un morceau de plastique rouge de 10 x 23 cm
- un morceau de plastique noir de 23 x 15 cm
- du ruban de nylon jaune et rouge
- du ruban de sécurité ou du ruban isolant rouge et jaune
- du fil à pêche et du vernis à ongles
- un crayon blanc ou de couleur pâle, une règle, des ciseaux, un poinçon et un marqueur à encre noire indélébile
- une pince à bec effilé
- de la colle pour travaux d'extérieur et un cure-dents, ou un fusil à colle

1 Insère le manche du fouet dans l'anneau de métal.

2 À l'aide du marqueur, colorie le goujon en noir. Passe le goujon à travers le fouet, juste au-dessus de l'anneau (voir ci-dessous).

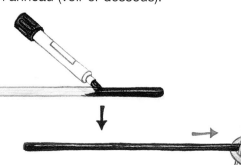

3 Pour faire le bec, tiens le manche de la cuillère près de la partie arrondie à l'aide de la pince et replie-le vers le haut.

4 Fixe la cuillère sur le manche du fouet avec du ruban adhésif.

5 Pour faire les yeux, démonte le serre-câble en dévissant les écrous. Place le manche du fouet dans la pièce en U, sur le ruban adhésif qui tient la cuillère.

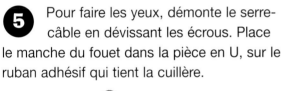

6 Rassemble le serre-câble, mais insère des rondelles galvanisées avant de replacer les écrous. Ne serre pas trop.

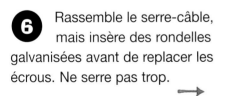

7 À l'aide d'un cure-dents, mets un peu de colle sur les joints des écrous, (voir l'illustration). Utilise une pince pour bien serrer les écrous. Laisse sécher.

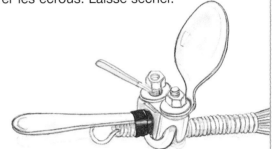

8 Pour la crête, trace une ligne dans le sens de la longueur sur le morceau de plastique rouge, à environ 2,5 cm du bord. Fais ensuite des incisions au ciseau de l'autre côté de la ligne, en laissant un écart d'environ 0,5 cm entre chacune.

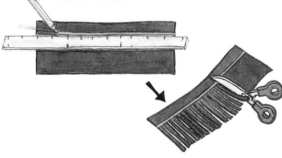

9 Enroule la crête autour du manche et fixe-la bien avec deux minces bandes de ruban adhésif jaune.

10 Recourbe délicatement les bandes de plastique.

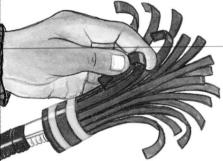

11 Dans le morceau de plastique noir, dessine deux ailes et découpe-les. Fais-y deux trous, comme sur l'illustration.

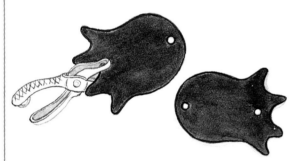

12 Découpe des pastilles dans les rubans rouge et jaune. Colle-les des deux côtés des ailes, sur la crête, sur le bec et sur les yeux.

13 Insère le goujon dans les trous des ailes de façon qu'elles soient courbées dans des sens opposés. Enroule d'étroites bandes de ruban adhésif aux extrémités du goujon pour éviter que l'oiseau perde ses ailes.

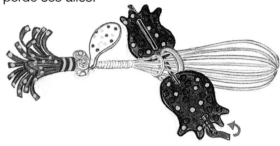

14 Pour faire la queue, coupe des rubans de nylon de différentes longueurs. Coupe-les en deux dans le sens de la longueur pour obtenir des bandes plus étroites. Noue-les au bas du fouet.

15 Pour suspendre ton oiseau, attache un bout de fil à pêche au bout du fouet. Fais une boucle à l'autre extrémité. Mets du vernis à ongles sur tous les nœuds et coupe les bouts de fil qui dépassent.